Mein
persönliches
Adressbuch

INFO

Falls gefunden, wenden Sie sich bitte an

____

____

PRODUKT

Produktion und –Distribution

Redaktionsbüro Lindo

Scan mich! Weitere Kalender, Terminplaner und Adressbücher, die ebenfalls für Sie interessant sind!

Kalendarium24.de

ISBN: **9798608882142**
Imprint: Independently published

© Edward Buth
www.kalendarium24.de

Impressum

Mein persönliches Adressbuch
Die wichtigsten Adressen und Kontakte
immer zur Hand

von Edward Buth

Der vorliegende Titel wurde mit großer Sorgfalt erstellt. Dennoch können Fehler nicht vollkommen ausgeschlossen werden. Der Autor und das Team von **Kalendarium24.de** übernehmen daher keine juristische Verantwortung und keinerlei Haftung für Schäden, die aus der Benutzung dieses Buches oder Teilen davon entstehen. Insbesondere sind der Autor und das Team von **Kalendarium24.de** nicht verpflichtet, Folge- oder mittelbare Schäden zu ersetzen.

Alle Warennamen werden ohne Gewährleistung der freien Verwendbarkeit benutzt und sind möglicherweise eingetragene Warenzeichen. Der Verlag richtet sich im Wesentlichen nach den Schreibweisen der Hersteller.

Cover-Foto: © pixel_dreams / Adobe / Redaktionsbüro Lindo

Mein persönliches Adressbuch

Kontakte schaden nur, wer sie nicht hat. Dieses geflügelte Wort hat durchaus seine Bedeutung in vielen Bereichen des Lebens. Die eigenen **Kontakte** und die dazugehörigen **Daten** und **Anschriften** sind daher im beruflichen und im privaten Umfeld für viele Menschen äußerst wichtig. Nur wer die entscheidenden Kontakte immer zur Hand hat, kann in jeder Situation schnell reagieren.

Viele Menschen greifen in einer digitalen Welt wieder zu analogen Arbeitsmitteln. Dazu gehört auch das persönliche Adressbuch mit den persönlichen **Adressen** und **Kontaktinformationen**. Dieses Verzeichnis ist von keiner Technik abhängig und kann an jedem Ort und zu jedem Zeitpunkt problemlos genutzt werden. Zumal diese Daten auf jedem vernetzten Rechner nicht mehr sicher sind. Schnell können diese Informationen durch einen unerlaubten Zugriff in die falschen Hände geraten. Die eigenen Kontakte sind in diesem gedruckten **Adressbuch** absolut sicher. Zur Not schließen Sie ihr persönliches Adressbuch einfach an einem sicheren Ort weg.

In dem vorliegenden Adressbuch können Sie bequem bis zu 400 Kontakte mit den dazugehörigen Daten verwalten. Zudem lassen sich alle Kontakte **alphabetisch** eintragen. So können einzelne Daten schnell und gezielt in diesem Adressbuch gefunden werden. Zusätzlich finden Sie im Anhang dieses Adressbuches noch weitere Ergänzungen. Dazu gehört beispielsweise eine umfangreiche Liste für **Geburtstage** einzelner Personen. Dazu gehören auch die wichtigsten **Notfallkontakte** oder ein **Vorwahlverzeichnis**.

ADRESSBUCH – NOTFALL

Name	Info	E-Mail	Mobil	Notizen

ADRESSBUCH – NOTFALL

Name	Info	E-Mail	Mobil	Notizen

ADRESSBUCH

A

Name:	
Adresse:	
Postanschrift:	
E-Mail:	
Tel. (Arbeit):	Tel. (Privat):	Mobil:

Name:	
Adresse:	
Postanschrift:	
E-Mail:	
Tel. (Arbeit):	Tel. (Privat):	Mobil:

Name:	
Adresse:	
Postanschrift:	
E-Mail:	
Tel. (Arbeit):	Tel. (Privat):	Mobil:

Name:	
Adresse:	
Postanschrift:	
E-Mail:	
Tel. (Arbeit):	Tel. (Privat):	Mobil:

ADRESSBUCH

Name:	
Adresse:	
Postanschrift:	
E-Mail:	

Tel. (Arbeit):		Tel. (Privat):		Mobil:	

Name:	
Adresse:	
Postanschrift:	
E-Mail:	

Tel. (Arbeit):		Tel. (Privat):		Mobil:	

Name:	
Adresse:	
Postanschrift:	
E-Mail:	

Tel. (Arbeit):		Tel. (Privat):		Mobil:	

Name:	
Adresse:	
Postanschrift:	
E-Mail:	

Tel. (Arbeit):		Tel. (Privat):		Mobil:	

ADRESSBUCH

A

Name:	
Adresse:	
Postanschrift:	
E-Mail:	

Tel. (Arbeit):		Tel. (Privat):		Mobil:	

Name:	
Adresse:	
Postanschrift:	
E-Mail:	

Tel. (Arbeit):		Tel. (Privat):		Mobil:	

Name:	
Adresse:	
Postanschrift:	
E-Mail:	

Tel. (Arbeit):		Tel. (Privat):		Mobil:	

Name:	
Adresse:	
Postanschrift:	
E-Mail:	

Tel. (Arbeit):		Tel. (Privat):		Mobil:	

ADRESSBUCH

Name:	
Adresse:	
Postanschrift:	
E-Mail:	
Tel. (Arbeit):	Tel. (Privat):	Mobil:

Name:	
Adresse:	
Postanschrift:	
E-Mail:	
Tel. (Arbeit):	Tel. (Privat):	Mobil:

Name:	
Adresse:	
Postanschrift:	
E-Mail:	
Tel. (Arbeit):	Tel. (Privat):	Mobil:

Name:	
Adresse:	
Postanschrift:	
E-Mail:	
Tel. (Arbeit):	Tel. (Privat):	Mobil:

ADRESSBUCH

B

Name:	
Adresse:	
Postanschrift:	
E-Mail:	

Tel. (Arbeit):		Tel. (Privat):		Mobil:	

Name:	
Adresse:	
Postanschrift:	
E-Mail:	

Tel. (Arbeit):		Tel. (Privat):		Mobil:	

Name:	
Adresse:	
Postanschrift:	
E-Mail:	

Tel. (Arbeit):		Tel. (Privat):		Mobil:	

Name:	
Adresse:	
Postanschrift:	
E-Mail:	

Tel. (Arbeit):		Tel. (Privat):		Mobil:	

ADRESSBUCH

B

Name:	
Adresse:	
Postanschrift:	
E-Mail:	
Tel. (Arbeit):	Tel. (Privat):	Mobil:

Name:	
Adresse:	
Postanschrift:	
E-Mail:	
Tel. (Arbeit):	Tel. (Privat):	Mobil:

Name:	
Adresse:	
Postanschrift:	
E-Mail:	
Tel. (Arbeit):	Tel. (Privat):	Mobil:

Name:	
Adresse:	
Postanschrift:	
E-Mail:	
Tel. (Arbeit):	Tel. (Privat):	Mobil:

ADRESSBUCH

B

Name:	
Adresse:	
Postanschrift:	
E-Mail:	
Tel. (Arbeit):	Tel. (Privat): · Mobil:

Name:	
Adresse:	
Postanschrift:	
E-Mail:	
Tel. (Arbeit):	Tel. (Privat): · Mobil:

Name:	
Adresse:	
Postanschrift:	
E-Mail:	
Tel. (Arbeit):	Tel. (Privat): · Mobil:

Name:	
Adresse:	
Postanschrift:	
E-Mail:	
Tel. (Arbeit):	Tel. (Privat): · Mobil:

ADRESSBUCH

B

Name:	
Adresse:	
Postanschrift:	
E-Mail:	

Tel. (Arbeit):		Tel. (Privat):		Mobil:	

Name:	
Adresse:	
Postanschrift:	
E-Mail:	

Tel. (Arbeit):		Tel. (Privat):		Mobil:	

Name:	
Adresse:	
Postanschrift:	
E-Mail:	

Tel. (Arbeit):		Tel. (Privat):		Mobil:	

Name:	
Adresse:	
Postanschrift:	
E-Mail:	

Tel. (Arbeit):		Tel. (Privat):		Mobil:	

ADRESSBUCH

C

Name:	
Adresse:	
Postanschrift:	
E-Mail:	

Tel. (Arbeit):		Tel. (Privat):		Mobil:	

Name:	
Adresse:	
Postanschrift:	
E-Mail:	

Tel. (Arbeit):		Tel. (Privat):		Mobil:	

Name:	
Adresse:	
Postanschrift:	
E-Mail:	

Tel. (Arbeit):		Tel. (Privat):		Mobil:	

Name:	
Adresse:	
Postanschrift:	
E-Mail:	

Tel. (Arbeit):		Tel. (Privat):		Mobil:	

ADRESSBUCH

Name:	
Adresse:	
Postanschrift:	
E-Mail:	

Tel. (Arbeit):		Tel. (Privat):		Mobil:	

Name:	
Adresse:	
Postanschrift:	
E-Mail:	

Tel. (Arbeit):		Tel. (Privat):		Mobil:	

Name:	
Adresse:	
Postanschrift:	
E-Mail:	

Tel. (Arbeit):		Tel. (Privat):		Mobil:	

Name:	
Adresse:	
Postanschrift:	
E-Mail:	

Tel. (Arbeit):		Tel. (Privat):		Mobil:	

ADRESSBUCH

C

Name:	
Adresse:	
Postanschrift:	
E-Mail:	
Tel. (Arbeit):	Tel. (Privat):	Mobil:

Name:	
Adresse:	
Postanschrift:	
E-Mail:	
Tel. (Arbeit):	Tel. (Privat):	Mobil:

Name:	
Adresse:	
Postanschrift:	
E-Mail:	
Tel. (Arbeit):	Tel. (Privat):	Mobil:

Name:	
Adresse:	
Postanschrift:	
E-Mail:	
Tel. (Arbeit):	Tel. (Privat):	Mobil:

ADRESSBUCH

C

Name:	
Adresse:	
Postanschrift:	
E-Mail:	
Tel. (Arbeit):	Tel. (Privat):	Mobil:

Name:	
Adresse:	
Postanschrift:	
E-Mail:	
Tel. (Arbeit):	Tel. (Privat):	Mobil:

Name:	
Adresse:	
Postanschrift:	
E-Mail:	
Tel. (Arbeit):	Tel. (Privat):	Mobil:

Name:	
Adresse:	
Postanschrift:	
E-Mail:	
Tel. (Arbeit):	Tel. (Privat):	Mobil:

ADRESSBUCH

Name:	
Adresse:	
Postanschrift:	
E-Mail:	

Tel. (Arbeit):		Tel. (Privat):		Mobil:	

Name:	
Adresse:	
Postanschrift:	
E-Mail:	

Tel. (Arbeit):		Tel. (Privat):		Mobil:	

Name:	
Adresse:	
Postanschrift:	
E-Mail:	

Tel. (Arbeit):		Tel. (Privat):		Mobil:	

Name:	
Adresse:	
Postanschrift:	
E-Mail:	

Tel. (Arbeit):		Tel. (Privat):		Mobil:	

ADRESSBUCH

Name:	
Adresse:	
Postanschrift:	
E-Mail:	

Tel. (Arbeit):		Tel. (Privat):		Mobil:	

Name:	
Adresse:	
Postanschrift:	
E-Mail:	

Tel. (Arbeit):		Tel. (Privat):		Mobil:	

Name:	
Adresse:	
Postanschrift:	
E-Mail:	

Tel. (Arbeit):		Tel. (Privat):		Mobil:	

Name:	
Adresse:	
Postanschrift:	
E-Mail:	

Tel. (Arbeit):		Tel. (Privat):		Mobil:	

ADRESSBUCH

Name:	
Adresse:	
Postanschrift:	
E-Mail:	
Tel. (Arbeit):	Tel. (Privat):	Mobil:

Name:	
Adresse:	
Postanschrift:	
E-Mail:	
Tel. (Arbeit):	Tel. (Privat):	Mobil:

Name:	
Adresse:	
Postanschrift:	
E-Mail:	
Tel. (Arbeit):	Tel. (Privat):	Mobil:

Name:	
Adresse:	
Postanschrift:	
E-Mail:	
Tel. (Arbeit):	Tel. (Privat):	Mobil:

ADRESSBUCH

Name:	
Adresse:	
Postanschrift:	
E-Mail:	

Tel. (Arbeit):		Tel. (Privat):		Mobil:	

Name:	
Adresse:	
Postanschrift:	
E-Mail:	

Tel. (Arbeit):		Tel. (Privat):		Mobil:	

Name:	
Adresse:	
Postanschrift:	
E-Mail:	

Tel. (Arbeit):		Tel. (Privat):		Mobil:	

Name:	
Adresse:	
Postanschrift:	
E-Mail:	

Tel. (Arbeit):		Tel. (Privat):		Mobil:	

ADRESSBUCH

E

Name:	
Adresse:	
Postanschrift:	
E-Mail:	

Tel. (Arbeit):		Tel. (Privat):		Mobil:	

Name:	
Adresse:	
Postanschrift:	
E-Mail:	

Tel. (Arbeit):		Tel. (Privat):		Mobil:	

Name:	
Adresse:	
Postanschrift:	
E-Mail:	

Tel. (Arbeit):		Tel. (Privat):		Mobil:	

Name:	
Adresse:	
Postanschrift:	
E-Mail:	

Tel. (Arbeit):		Tel. (Privat):		Mobil:	

ADRESSBUCH

Name:	
Adresse:	
Postanschrift:	
E-Mail:	
Tel. (Arbeit):	Tel. (Privat):	Mobil:

Name:	
Adresse:	
Postanschrift:	
E-Mail:	
Tel. (Arbeit):	Tel. (Privat):	Mobil:

Name:	
Adresse:	
Postanschrift:	
E-Mail:	
Tel. (Arbeit):	Tel. (Privat):	Mobil:

Name:	
Adresse:	
Postanschrift:	
E-Mail:	
Tel. (Arbeit):	Tel. (Privat):	Mobil:

ADRESSBUCH

Name:	
Adresse:	
Postanschrift:	
E-Mail:	

Tel. (Arbeit):		Tel. (Privat):		Mobil:	

Name:	
Adresse:	
Postanschrift:	
E-Mail:	

Tel. (Arbeit):		Tel. (Privat):		Mobil:	

Name:	
Adresse:	
Postanschrift:	
E-Mail:	

Tel. (Arbeit):		Tel. (Privat):		Mobil:	

Name:	
Adresse:	
Postanschrift:	
E-Mail:	

Tel. (Arbeit):		Tel. (Privat):		Mobil:	

ADRESSBUCH

Name:	
Adresse:	
Postanschrift:	
E-Mail:	

Tel. (Arbeit):		Tel. (Privat):		Mobil:	

Name:	
Adresse:	
Postanschrift:	
E-Mail:	

Tel. (Arbeit):		Tel. (Privat):		Mobil:	

Name:	
Adresse:	
Postanschrift:	
E-Mail:	

Tel. (Arbeit):		Tel. (Privat):		Mobil:	

Name:	
Adresse:	
Postanschrift:	
E-Mail:	

Tel. (Arbeit):		Tel. (Privat):		Mobil:	

ADRESSBUCH

F

Name:

Adresse:

Postanschrift:

E-Mail:

Tel. (Arbeit): | Tel. (Privat): | Mobil:

Name:

Adresse:

Postanschrift:

E-Mail:

Tel. (Arbeit): | Tel. (Privat): | Mobil:

Name:

Adresse:

Postanschrift:

E-Mail:

Tel. (Arbeit): | Tel. (Privat): | Mobil:

Name:

Adresse:

Postanschrift:

E-Mail:

Tel. (Arbeit): | Tel. (Privat): | Mobil:

ADRESSBUCH

F

Name:	
Adresse:	
Postanschrift:	
E-Mail:	
Tel. (Arbeit):	Tel. (Privat):	Mobil:

Name:	
Adresse:	
Postanschrift:	
E-Mail:	
Tel. (Arbeit):	Tel. (Privat):	Mobil:

Name:	
Adresse:	
Postanschrift:	
E-Mail:	
Tel. (Arbeit):	Tel. (Privat):	Mobil:

Name:	
Adresse:	
Postanschrift:	
E-Mail:	
Tel. (Arbeit):	Tel. (Privat):	Mobil:

ADRESSBUCH

F

Name:	
Adresse:	
Postanschrift:	
E-Mail:	

Tel. (Arbeit):		Tel. (Privat):		Mobil:	

Name:	
Adresse:	
Postanschrift:	
E-Mail:	

Tel. (Arbeit):		Tel. (Privat):		Mobil:	

Name:	
Adresse:	
Postanschrift:	
E-Mail:	

Tel. (Arbeit):		Tel. (Privat):		Mobil:	

Name:	
Adresse:	
Postanschrift:	
E-Mail:	

Tel. (Arbeit):		Tel. (Privat):		Mobil:	

ADRESSBUCH

F

Name:	
Adresse:	
Postanschrift:	
E-Mail:	
Tel. (Arbeit):	Tel. (Privat):	Mobil:

Name:	
Adresse:	
Postanschrift:	
E-Mail:	
Tel. (Arbeit):	Tel. (Privat):	Mobil:

Name:	
Adresse:	
Postanschrift:	
E-Mail:	
Tel. (Arbeit):	Tel. (Privat):	Mobil:

Name:	
Adresse:	
Postanschrift:	
E-Mail:	
Tel. (Arbeit):	Tel. (Privat):	Mobil:

ADRESSBUCH

G

Name:

Adresse:

Postanschrift:

E-Mail:

Tel. (Arbeit): | Tel. (Privat): | Mobil:

Name:

Adresse:

Postanschrift:

E-Mail:

Tel. (Arbeit): | Tel. (Privat): | Mobil:

Name:

Adresse:

Postanschrift:

E-Mail:

Tel. (Arbeit): | Tel. (Privat): | Mobil:

Name:

Adresse:

Postanschrift:

E-Mail:

Tel. (Arbeit): | Tel. (Privat): | Mobil:

ADRESSBUCH

Name:	
Adresse:	
Postanschrift:	
E-Mail:	

Tel. (Arbeit):		Tel. (Privat):		Mobil:	

Name:	
Adresse:	
Postanschrift:	
E-Mail:	

Tel. (Arbeit):		Tel. (Privat):		Mobil:	

Name:	
Adresse:	
Postanschrift:	
E-Mail:	

Tel. (Arbeit):		Tel. (Privat):		Mobil:	

Name:	
Adresse:	
Postanschrift:	
E-Mail:	

Tel. (Arbeit):		Tel. (Privat):		Mobil:	

ADRESSBUCH

Name:	
Adresse:	
Postanschrift:	
E-Mail:	
Tel. (Arbeit):	Tel. (Privat):	Mobil:

Name:	
Adresse:	
Postanschrift:	
E-Mail:	
Tel. (Arbeit):	Tel. (Privat):	Mobil:

Name:	
Adresse:	
Postanschrift:	
E-Mail:	
Tel. (Arbeit):	Tel. (Privat):	Mobil:

Name:	
Adresse:	
Postanschrift:	
E-Mail:	
Tel. (Arbeit):	Tel. (Privat):	Mobil:

ADRESSBUCH

G

Name:	
Adresse:	
Postanschrift:	
E-Mail:	
Tel. (Arbeit):	Tel. (Privat):	Mobil:

Name:	
Adresse:	
Postanschrift:	
E-Mail:	
Tel. (Arbeit):	Tel. (Privat):	Mobil:

Name:	
Adresse:	
Postanschrift:	
E-Mail:	
Tel. (Arbeit):	Tel. (Privat):	Mobil:

Name:	
Adresse:	
Postanschrift:	
E-Mail:	
Tel. (Arbeit):	Tel. (Privat):	Mobil:

ADRESSBUCH

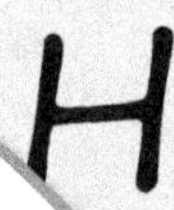

Name:	
Adresse:	
Postanschrift:	
E-Mail:	
Tel. (Arbeit):	Tel. (Privat):	Mobil:

Name:	
Adresse:	
Postanschrift:	
E-Mail:	
Tel. (Arbeit):	Tel. (Privat):	Mobil:

Name:	
Adresse:	
Postanschrift:	
E-Mail:	
Tel. (Arbeit):	Tel. (Privat):	Mobil:

Name:	
Adresse:	
Postanschrift:	
E-Mail:	
Tel. (Arbeit):	Tel. (Privat):	Mobil:

ADRESSBUCH

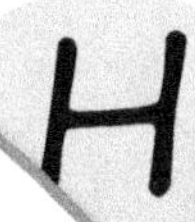

Name:	
Adresse:	
Postanschrift:	
E-Mail:	
Tel. (Arbeit):	Tel. (Privat):	Mobil:

Name:	
Adresse:	
Postanschrift:	
E-Mail:	
Tel. (Arbeit):	Tel. (Privat):	Mobil:

Name:	
Adresse:	
Postanschrift:	
E-Mail:	
Tel. (Arbeit):	Tel. (Privat):	Mobil:

Name:	
Adresse:	
Postanschrift:	
E-Mail:	
Tel. (Arbeit):	Tel. (Privat):	Mobil:

ADRESSBUCH

Name:	
Adresse:	
Postanschrift:	
E-Mail:	
Tel. (Arbeit):	Tel. (Privat):	Mobil:

Name:	
Adresse:	
Postanschrift:	
E-Mail:	
Tel. (Arbeit):	Tel. (Privat):	Mobil:

Name:	
Adresse:	
Postanschrift:	
E-Mail:	
Tel. (Arbeit):	Tel. (Privat):	Mobil:

Name:	
Adresse:	
Postanschrift:	
E-Mail:	
Tel. (Arbeit):	Tel. (Privat):	Mobil:

ADRESSBUCH

Name:	
Adresse:	
Postanschrift:	
E-Mail:	
Tel. (Arbeit):	Tel. (Privat):	Mobil:

Name:	
Adresse:	
Postanschrift:	
E-Mail:	
Tel. (Arbeit):	Tel. (Privat):	Mobil:

Name:	
Adresse:	
Postanschrift:	
E-Mail:	
Tel. (Arbeit):	Tel. (Privat):	Mobil:

Name:	
Adresse:	
Postanschrift:	
E-Mail:	
Tel. (Arbeit):	Tel. (Privat):	Mobil:

ADRESSBUCH

Name:	
Adresse:	
Postanschrift:	
E-Mail:	
Tel. (Arbeit):	Tel. (Privat): Mobil:

Name:	
Adresse:	
Postanschrift:	
E-Mail:	
Tel. (Arbeit):	Tel. (Privat): Mobil:

Name:	
Adresse:	
Postanschrift:	
E-Mail:	
Tel. (Arbeit):	Tel. (Privat): Mobil:

Name:	
Adresse:	
Postanschrift:	
E-Mail:	
Tel. (Arbeit):	Tel. (Privat): Mobil:

ADRESSBUCH

Name:	
Adresse:	
Postanschrift:	
E-Mail:	
Tel. (Arbeit):	Tel. (Privat):	Mobil:

Name:	
Adresse:	
Postanschrift:	
E-Mail:	
Tel. (Arbeit):	Tel. (Privat):	Mobil:

Name:	
Adresse:	
Postanschrift:	
E-Mail:	
Tel. (Arbeit):	Tel. (Privat):	Mobil:

Name:	
Adresse:	
Postanschrift:	
E-Mail:	
Tel. (Arbeit):	Tel. (Privat):	Mobil:

ADRESSBUCH

<table>
<tr><td>Name:</td><td colspan="5"></td></tr>
<tr><td>Adresse:</td><td colspan="5"></td></tr>
<tr><td></td><td colspan="5"></td></tr>
<tr><td>Postanschrift:</td><td colspan="5"></td></tr>
<tr><td>E-Mail:</td><td colspan="5"></td></tr>
<tr><td>Tel. (Arbeit):</td><td></td><td>Tel. (Privat):</td><td></td><td>Mobil:</td><td></td></tr>
</table>

<table>
<tr><td>Name:</td><td colspan="5"></td></tr>
<tr><td>Adresse:</td><td colspan="5"></td></tr>
<tr><td></td><td colspan="5"></td></tr>
<tr><td>Postanschrift:</td><td colspan="5"></td></tr>
<tr><td>E-Mail:</td><td colspan="5"></td></tr>
<tr><td>Tel. (Arbeit):</td><td></td><td>Tel. (Privat):</td><td></td><td>Mobil:</td><td></td></tr>
</table>

<table>
<tr><td>Name:</td><td colspan="5"></td></tr>
<tr><td>Adresse:</td><td colspan="5"></td></tr>
<tr><td></td><td colspan="5"></td></tr>
<tr><td>Postanschrift:</td><td colspan="5"></td></tr>
<tr><td>E-Mail:</td><td colspan="5"></td></tr>
<tr><td>Tel. (Arbeit):</td><td></td><td>Tel. (Privat):</td><td></td><td>Mobil:</td><td></td></tr>
</table>

<table>
<tr><td>Name:</td><td colspan="5"></td></tr>
<tr><td>Adresse:</td><td colspan="5"></td></tr>
<tr><td></td><td colspan="5"></td></tr>
<tr><td>Postanschrift:</td><td colspan="5"></td></tr>
<tr><td>E-Mail:</td><td colspan="5"></td></tr>
<tr><td>Tel. (Arbeit):</td><td></td><td>Tel. (Privat):</td><td></td><td>Mobil:</td><td></td></tr>
</table>

ADRESSBUCH

Name:	
Adresse:	
Postanschrift:	
E-Mail:	
Tel. (Arbeit):	Tel. (Privat):	Mobil:

Name:	
Adresse:	
Postanschrift:	
E-Mail:	
Tel. (Arbeit):	Tel. (Privat):	Mobil:

Name:	
Adresse:	
Postanschrift:	
E-Mail:	
Tel. (Arbeit):	Tel. (Privat):	Mobil:

Name:	
Adresse:	
Postanschrift:	
E-Mail:	
Tel. (Arbeit):	Tel. (Privat):	Mobil:

ADRESSBUCH

J

Name:

Adresse:

Postanschrift:

E-Mail:

Tel. (Arbeit): | Tel. (Privat): | Mobil:

Name:

Adresse:

Postanschrift:

E-Mail:

Tel. (Arbeit): | Tel. (Privat): | Mobil:

Name:

Adresse:

Postanschrift:

E-Mail:

Tel. (Arbeit): | Tel. (Privat): | Mobil:

Name:

Adresse:

Postanschrift:

E-Mail:

Tel. (Arbeit): | Tel. (Privat): | Mobil:

ADRESSBUCH

J

Name:	
Adresse:	
Postanschrift:	
E-Mail:	

Tel. (Arbeit):		Tel. (Privat):		Mobil:	

Name:	
Adresse:	
Postanschrift:	
E-Mail:	

Tel. (Arbeit):		Tel. (Privat):		Mobil:	

Name:	
Adresse:	
Postanschrift:	
E-Mail:	

Tel. (Arbeit):		Tel. (Privat):		Mobil:	

Name:	
Adresse:	
Postanschrift:	
E-Mail:	

Tel. (Arbeit):		Tel. (Privat):		Mobil:	

ADRESSBUCH

J

Name:	
Adresse:	
Postanschrift:	
E-Mail:	
Tel. (Arbeit):	Tel. (Privat):	Mobil:

Name:	
Adresse:	
Postanschrift:	
E-Mail:	
Tel. (Arbeit):	Tel. (Privat):	Mobil:

Name:	
Adresse:	
Postanschrift:	
E-Mail:	
Tel. (Arbeit):	Tel. (Privat):	Mobil:

Name:	
Adresse:	
Postanschrift:	
E-Mail:	
Tel. (Arbeit):	Tel. (Privat):	Mobil:

ADRESSBUCH

K

Name:	
Adresse:	
Postanschrift:	
E-Mail:	
Tel. (Arbeit):	Tel. (Privat):	Mobil:

Name:	
Adresse:	
Postanschrift:	
E-Mail:	
Tel. (Arbeit):	Tel. (Privat):	Mobil:

Name:	
Adresse:	
Postanschrift:	
E-Mail:	
Tel. (Arbeit):	Tel. (Privat):	Mobil:

Name:	
Adresse:	
Postanschrift:	
E-Mail:	
Tel. (Arbeit):	Tel. (Privat):	Mobil:

ADRESSBUCH

Name:	
Adresse:	
Postanschrift:	
E-Mail:	

Tel. (Arbeit):		Tel. (Privat):		Mobil:	

Name:	
Adresse:	
Postanschrift:	
E-Mail:	

Tel. (Arbeit):		Tel. (Privat):		Mobil:	

Name:	
Adresse:	
Postanschrift:	
E-Mail:	

Tel. (Arbeit):		Tel. (Privat):		Mobil:	

Name:	
Adresse:	
Postanschrift:	
E-Mail:	

Tel. (Arbeit):		Tel. (Privat):		Mobil:	

ADRESSBUCH

Name:	
Adresse:	
Postanschrift:	
E-Mail:	

Tel. (Arbeit):		Tel. (Privat):		Mobil:	

Name:	
Adresse:	
Postanschrift:	
E-Mail:	

Tel. (Arbeit):		Tel. (Privat):		Mobil:	

Name:	
Adresse:	
Postanschrift:	
E-Mail:	

Tel. (Arbeit):		Tel. (Privat):		Mobil:	

Name:	
Adresse:	
Postanschrift:	
E-Mail:	

Tel. (Arbeit):		Tel. (Privat):		Mobil:	

ADRESSBUCH

K

Name:	
Adresse:	
Postanschrift:	
E-Mail:	

Tel. (Arbeit):		Tel. (Privat):		Mobil:	

Name:	
Adresse:	
Postanschrift:	
E-Mail:	

Tel. (Arbeit):		Tel. (Privat):		Mobil:	

Name:	
Adresse:	
Postanschrift:	
E-Mail:	

Tel. (Arbeit):		Tel. (Privat):		Mobil:	

Name:	
Adresse:	
Postanschrift:	
E-Mail:	

Tel. (Arbeit):		Tel. (Privat):		Mobil:	

ADRESSBUCH

L

Name:	
Adresse:	
Postanschrift:	
E-Mail:	
Tel. (Arbeit):	Tel. (Privat):	Mobil:

Name:	
Adresse:	
Postanschrift:	
E-Mail:	
Tel. (Arbeit):	Tel. (Privat):	Mobil:

Name:	
Adresse:	
Postanschrift:	
E-Mail:	
Tel. (Arbeit):	Tel. (Privat):	Mobil:

Name:	
Adresse:	
Postanschrift:	
E-Mail:	
Tel. (Arbeit):	Tel. (Privat):	Mobil:

ADRESSBUCH

L

Name:	
Adresse:	
Postanschrift:	
E-Mail:	

Tel. (Arbeit):		Tel. (Privat):		Mobil:	

Name:	
Adresse:	
Postanschrift:	
E-Mail:	

Tel. (Arbeit):		Tel. (Privat):		Mobil:	

Name:	
Adresse:	
Postanschrift:	
E-Mail:	

Tel. (Arbeit):		Tel. (Privat):		Mobil:	

Name:	
Adresse:	
Postanschrift:	
E-Mail:	

Tel. (Arbeit):		Tel. (Privat):		Mobil:	

ADRESSBUCH

L

Name:	
Adresse:	
Postanschrift:	
E-Mail:	

Tel. (Arbeit):		Tel. (Privat):		Mobil:	

Name:	
Adresse:	
Postanschrift:	
E-Mail:	

Tel. (Arbeit):		Tel. (Privat):		Mobil:	

Name:	
Adresse:	
Postanschrift:	
E-Mail:	

Tel. (Arbeit):		Tel. (Privat):		Mobil:	

Name:	
Adresse:	
Postanschrift:	
E-Mail:	

Tel. (Arbeit):		Tel. (Privat):		Mobil:	

ADRESSBUCH

L

Name:	
Adresse:	
Postanschrift:	
E-Mail:	
Tel. (Arbeit):	Tel. (Privat):	Mobil:

Name:	
Adresse:	
Postanschrift:	
E-Mail:	
Tel. (Arbeit):	Tel. (Privat):	Mobil:

Name:	
Adresse:	
Postanschrift:	
E-Mail:	
Tel. (Arbeit):	Tel. (Privat):	Mobil:

Name:	
Adresse:	
Postanschrift:	
E-Mail:	
Tel. (Arbeit):	Tel. (Privat):	Mobil:

ADRESSBUCH

Name:	
Adresse:	
Postanschrift:	
E-Mail:	
Tel. (Arbeit):	Tel. (Privat):	Mobil:

Name:	
Adresse:	
Postanschrift:	
E-Mail:	
Tel. (Arbeit):	Tel. (Privat):	Mobil:

Name:	
Adresse:	
Postanschrift:	
E-Mail:	
Tel. (Arbeit):	Tel. (Privat):	Mobil:

Name:	
Adresse:	
Postanschrift:	
E-Mail:	
Tel. (Arbeit):	Tel. (Privat):	Mobil:

ADRESSBUCH

M

Name:	
Adresse:	
Postanschrift:	
E-Mail:	
Tel. (Arbeit):	Tel. (Privat):	Mobil:

Name:	
Adresse:	
Postanschrift:	
E-Mail:	
Tel. (Arbeit):	Tel. (Privat):	Mobil:

Name:	
Adresse:	
Postanschrift:	
E-Mail:	
Tel. (Arbeit):	Tel. (Privat):	Mobil:

Name:	
Adresse:	
Postanschrift:	
E-Mail:	
Tel. (Arbeit):	Tel. (Privat):	Mobil:

ADRESSBUCH

Name:

Adresse:

Postanschrift:

E-Mail:

Tel. (Arbeit):		Tel. (Privat):		Mobil:	

Name:

Adresse:

Postanschrift:

E-Mail:

Tel. (Arbeit):		Tel. (Privat):		Mobil:	

Name:

Adresse:

Postanschrift:

E-Mail:

Tel. (Arbeit):		Tel. (Privat):		Mobil:	

Name:

Adresse:

Postanschrift:

E-Mail:

Tel. (Arbeit):		Tel. (Privat):		Mobil:	

ADRESSBUCH

Name:

Adresse:

Postanschrift:

E-Mail:

Tel. (Arbeit):		Tel. (Privat):		Mobil:	

Name:

Adresse:

Postanschrift:

E-Mail:

Tel. (Arbeit):		Tel. (Privat):		Mobil:	

Name:

Adresse:

Postanschrift:

E-Mail:

Tel. (Arbeit):		Tel. (Privat):		Mobil:	

Name:

Adresse:

Postanschrift:

E-Mail:

Tel. (Arbeit):		Tel. (Privat):		Mobil:	

ADRESSBUCH

N

Name:	
Adresse:	
Postanschrift:	
E-Mail:	

Tel. (Arbeit):		Tel. (Privat):		Mobil:	

Name:	
Adresse:	
Postanschrift:	
E-Mail:	

Tel. (Arbeit):		Tel. (Privat):		Mobil:	

Name:	
Adresse:	
Postanschrift:	
E-Mail:	

Tel. (Arbeit):		Tel. (Privat):		Mobil:	

Name:	
Adresse:	
Postanschrift:	
E-Mail:	

Tel. (Arbeit):		Tel. (Privat):		Mobil:	

ADRESSBUCH

N

Name:	
Adresse:	
Postanschrift:	
E-Mail:	
Tel. (Arbeit):	Tel. (Privat):	Mobil:

Name:	
Adresse:	
Postanschrift:	
E-Mail:	
Tel. (Arbeit):	Tel. (Privat):	Mobil:

Name:	
Adresse:	
Postanschrift:	
E-Mail:	
Tel. (Arbeit):	Tel. (Privat):	Mobil:

Name:	
Adresse:	
Postanschrift:	
E-Mail:	
Tel. (Arbeit):	Tel. (Privat):	Mobil:

ADRESSBUCH

Name:	
Adresse:	
Postanschrift:	
E-Mail:	
Tel. (Arbeit):	Tel. (Privat):	Mobil:

Name:	
Adresse:	
Postanschrift:	
E-Mail:	
Tel. (Arbeit):	Tel. (Privat):	Mobil:

Name:	
Adresse:	
Postanschrift:	
E-Mail:	
Tel. (Arbeit):	Tel. (Privat):	Mobil:

Name:	
Adresse:	
Postanschrift:	
E-Mail:	
Tel. (Arbeit):	Tel. (Privat):	Mobil:

ADRESSBUCH

N

Name:	
Adresse:	
Postanschrift:	
E-Mail:	
Tel. (Arbeit):	Tel. (Privat): Mobil:

Name:	
Adresse:	
Postanschrift:	
E-Mail:	
Tel. (Arbeit):	Tel. (Privat): Mobil:

Name:	
Adresse:	
Postanschrift:	
E-Mail:	
Tel. (Arbeit):	Tel. (Privat): Mobil:

Name:	
Adresse:	
Postanschrift:	
E-Mail:	
Tel. (Arbeit):	Tel. (Privat): Mobil:

ADRESSBUCH

Name:	
Adresse:	
Postanschrift:	
E-Mail:	
Tel. (Arbeit):	Tel. (Privat):	Mobil:

Name:	
Adresse:	
Postanschrift:	
E-Mail:	
Tel. (Arbeit):	Tel. (Privat):	Mobil:

Name:	
Adresse:	
Postanschrift:	
E-Mail:	
Tel. (Arbeit):	Tel. (Privat):	Mobil:

Name:	
Adresse:	
Postanschrift:	
E-Mail:	
Tel. (Arbeit):	Tel. (Privat):	Mobil:

ADRESSBUCH

O

Name:	
Adresse:	
Postanschrift:	
E-Mail:	

Tel. (Arbeit):		Tel. (Privat):		Mobil:	

Name:	
Adresse:	
Postanschrift:	
E-Mail:	

Tel. (Arbeit):		Tel. (Privat):		Mobil:	

Name:	
Adresse:	
Postanschrift:	
E-Mail:	

Tel. (Arbeit):		Tel. (Privat):		Mobil:	

Name:	
Adresse:	
Postanschrift:	
E-Mail:	

Tel. (Arbeit):		Tel. (Privat):		Mobil:	

ADRESSBUCH

Name:	
Adresse:	
Postanschrift:	
E-Mail:	
Tel. (Arbeit):	Tel. (Privat): · Mobil:

Name:	
Adresse:	
Postanschrift:	
E-Mail:	
Tel. (Arbeit):	Tel. (Privat): · Mobil:

Name:	
Adresse:	
Postanschrift:	
E-Mail:	
Tel. (Arbeit):	Tel. (Privat): · Mobil:

Name:	
Adresse:	
Postanschrift:	
E-Mail:	
Tel. (Arbeit):	Tel. (Privat): · Mobil:

ADRESSBUCH

O

Name:	
Adresse:	
Postanschrift:	
E-Mail:	

Tel. (Arbeit):		Tel. (Privat):		Mobil:	

Name:	
Adresse:	
Postanschrift:	
E-Mail:	

Tel. (Arbeit):		Tel. (Privat):		Mobil:	

Name:	
Adresse:	
Postanschrift:	
E-Mail:	

Tel. (Arbeit):		Tel. (Privat):		Mobil:	

Name:	
Adresse:	
Postanschrift:	
E-Mail:	

Tel. (Arbeit):		Tel. (Privat):		Mobil:	

ADRESSBUCH

P

Name:	
Adresse:	
Postanschrift:	
E-Mail:	
Tel. (Arbeit):	Tel. (Privat): Mobil:

Name:	
Adresse:	
Postanschrift:	
E-Mail:	
Tel. (Arbeit):	Tel. (Privat): Mobil:

Name:	
Adresse:	
Postanschrift:	
E-Mail:	
Tel. (Arbeit):	Tel. (Privat): Mobil:

Name:	
Adresse:	
Postanschrift:	
E-Mail:	
Tel. (Arbeit):	Tel. (Privat): Mobil:

ADRESSBUCH

P

Name:

Adresse:

Postanschrift:

E-Mail:

Tel. (Arbeit): | Tel. (Privat): | Mobil:

Name:

Adresse:

Postanschrift:

E-Mail:

Tel. (Arbeit): | Tel. (Privat): | Mobil:

Name:

Adresse:

Postanschrift:

E-Mail:

Tel. (Arbeit): | Tel. (Privat): | Mobil:

Name:

Adresse:

Postanschrift:

E-Mail:

Tel. (Arbeit): | Tel. (Privat): | Mobil:

ADRESSBUCH

P

Name:	
Adresse:	
Postanschrift:	
E-Mail:	
Tel. (Arbeit):	Tel. (Privat):	Mobil:

Name:	
Adresse:	
Postanschrift:	
E-Mail:	
Tel. (Arbeit):	Tel. (Privat):	Mobil:

Name:	
Adresse:	
Postanschrift:	
E-Mail:	
Tel. (Arbeit):	Tel. (Privat):	Mobil:

Name:	
Adresse:	
Postanschrift:	
E-Mail:	
Tel. (Arbeit):	Tel. (Privat):	Mobil:

ADRESSBUCH

P

Name:	
Adresse:	
Postanschrift:	
E-Mail:	
Tel. (Arbeit):	Tel. (Privat):	Mobil:

Name:	
Adresse:	
Postanschrift:	
E-Mail:	
Tel. (Arbeit):	Tel. (Privat):	Mobil:

Name:	
Adresse:	
Postanschrift:	
E-Mail:	
Tel. (Arbeit):	Tel. (Privat):	Mobil:

Name:	
Adresse:	
Postanschrift:	
E-Mail:	
Tel. (Arbeit):	Tel. (Privat):	Mobil:

Name:	
Adresse:	
Postanschrift:	
E-Mail:	

Tel. (Arbeit):		Tel. (Privat):		Mobil:	

Name:	
Adresse:	
Postanschrift:	
E-Mail:	

Tel. (Arbeit):		Tel. (Privat):		Mobil:	

Name:	
Adresse:	
Postanschrift:	
E-Mail:	

Tel. (Arbeit):		Tel. (Privat):		Mobil:	

Name:	
Adresse:	
Postanschrift:	
E-Mail:	

Tel. (Arbeit):		Tel. (Privat):		Mobil:	

ADRESSBUCH

Name:	
Adresse:	
Postanschrift:	
E-Mail:	

Tel. (Arbeit):		Tel. (Privat):		Mobil:	

Name:	
Adresse:	
Postanschrift:	
E-Mail:	

Tel. (Arbeit):		Tel. (Privat):		Mobil:	

Name:	
Adresse:	
Postanschrift:	
E-Mail:	

Tel. (Arbeit):		Tel. (Privat):		Mobil:	

Name:	
Adresse:	
Postanschrift:	
E-Mail:	

Tel. (Arbeit):		Tel. (Privat):		Mobil:	

ADRESSBUCH

Name:	
Adresse:	
Postanschrift:	
E-Mail:	

Tel. (Arbeit):		Tel. (Privat):		Mobil:	

Name:	
Adresse:	
Postanschrift:	
E-Mail:	

Tel. (Arbeit):		Tel. (Privat):		Mobil:	

Name:	
Adresse:	
Postanschrift:	
E-Mail:	

Tel. (Arbeit):		Tel. (Privat):		Mobil:	

Name:	
Adresse:	
Postanschrift:	
E-Mail:	

Tel. (Arbeit):		Tel. (Privat):		Mobil:	

ADRESSBUCH

R

Name:	
Adresse:	
Postanschrift:	
E-Mail:	

Tel. (Arbeit):		Tel. (Privat):		Mobil:	

Name:	
Adresse:	
Postanschrift:	
E-Mail:	

Tel. (Arbeit):		Tel. (Privat):		Mobil:	

Name:	
Adresse:	
Postanschrift:	
E-Mail:	

Tel. (Arbeit):		Tel. (Privat):		Mobil:	

Name:	
Adresse:	
Postanschrift:	
E-Mail:	

Tel. (Arbeit):		Tel. (Privat):		Mobil:	

ADRESSBUCH

Name:	
Adresse:	
Postanschrift:	
E-Mail:	

Tel. (Arbeit):		Tel. (Privat):		Mobil:	

Name:	
Adresse:	
Postanschrift:	
E-Mail:	

Tel. (Arbeit):		Tel. (Privat):		Mobil:	

Name:	
Adresse:	
Postanschrift:	
E-Mail:	

Tel. (Arbeit):		Tel. (Privat):		Mobil:	

Name:	
Adresse:	
Postanschrift:	
E-Mail:	

Tel. (Arbeit):		Tel. (Privat):		Mobil:	

ADRESSBUCH

R

Name:		
Adresse:		
Postanschrift:		
E-Mail:		
Tel. (Arbeit):	Tel. (Privat):	Mobil:

Name:		
Adresse:		
Postanschrift:		
E-Mail:		
Tel. (Arbeit):	Tel. (Privat):	Mobil:

Name:		
Adresse:		
Postanschrift:		
E-Mail:		
Tel. (Arbeit):	Tel. (Privat):	Mobil:

Name:		
Adresse:		
Postanschrift:		
E-Mail:		
Tel. (Arbeit):	Tel. (Privat):	Mobil:

ADRESSBUCH

R

Name:	
Adresse:	
Postanschrift:	
E-Mail:	

Tel. (Arbeit):		Tel. (Privat):		Mobil:	

Name:	
Adresse:	
Postanschrift:	
E-Mail:	

Tel. (Arbeit):		Tel. (Privat):		Mobil:	

Name:	
Adresse:	
Postanschrift:	
E-Mail:	

Tel. (Arbeit):		Tel. (Privat):		Mobil:	

Name:	
Adresse:	
Postanschrift:	
E-Mail:	

Tel. (Arbeit):		Tel. (Privat):		Mobil:	

ADRESSBUCH

S

Name:	
Adresse:	
Postanschrift:	
E-Mail:	
Tel. (Arbeit):	Tel. (Privat):	Mobil:

Name:	
Adresse:	
Postanschrift:	
E-Mail:	
Tel. (Arbeit):	Tel. (Privat):	Mobil:

Name:	
Adresse:	
Postanschrift:	
E-Mail:	
Tel. (Arbeit):	Tel. (Privat):	Mobil:

Name:	
Adresse:	
Postanschrift:	
E-Mail:	
Tel. (Arbeit):	Tel. (Privat):	Mobil:

ADRESSBUCH

S

Name:	
Adresse:	
Postanschrift:	
E-Mail:	
Tel. (Arbeit):	Tel. (Privat):	Mobil:

Name:	
Adresse:	
Postanschrift:	
E-Mail:	
Tel. (Arbeit):	Tel. (Privat):	Mobil:

Name:	
Adresse:	
Postanschrift:	
E-Mail:	
Tel. (Arbeit):	Tel. (Privat):	Mobil:

Name:	
Adresse:	
Postanschrift:	
E-Mail:	
Tel. (Arbeit):	Tel. (Privat):	Mobil:

ADRESSBUCH

S

Name:	
Adresse:	
Postanschrift:	
E-Mail:	
Tel. (Arbeit):	Tel. (Privat):	Mobil:

Name:	
Adresse:	
Postanschrift:	
E-Mail:	
Tel. (Arbeit):	Tel. (Privat):	Mobil:

Name:	
Adresse:	
Postanschrift:	
E-Mail:	
Tel. (Arbeit):	Tel. (Privat):	Mobil:

Name:	
Adresse:	
Postanschrift:	
E-Mail:	
Tel. (Arbeit):	Tel. (Privat):	Mobil:

ADRESSBUCH

S

Name:

Adresse:

Postanschrift:

E-Mail:

Tel. (Arbeit):   Tel. (Privat):   Mobil:

Name:

Adresse:

Postanschrift:

E-Mail:

Tel. (Arbeit):   Tel. (Privat):   Mobil:

Name:

Adresse:

Postanschrift:

E-Mail:

Tel. (Arbeit):   Tel. (Privat):   Mobil:

Name:

Adresse:

Postanschrift:

E-Mail:

Tel. (Arbeit):   Tel. (Privat):   Mobil:

ADRESSBUCH

T

Name:	
Adresse:	
Postanschrift:	
E-Mail:	
Tel. (Arbeit):	Tel. (Privat): Mobil:

Name:	
Adresse:	
Postanschrift:	
E-Mail:	
Tel. (Arbeit):	Tel. (Privat): Mobil:

Name:	
Adresse:	
Postanschrift:	
E-Mail:	
Tel. (Arbeit):	Tel. (Privat): Mobil:

Name:	
Adresse:	
Postanschrift:	
E-Mail:	
Tel. (Arbeit):	Tel. (Privat): Mobil:

ADRESSBUCH

T

Name:	
Adresse:	
Postanschrift:	
E-Mail:	
Tel. (Arbeit):	Tel. (Privat):	Mobil:

Name:	
Adresse:	
Postanschrift:	
E-Mail:	
Tel. (Arbeit):	Tel. (Privat):	Mobil:

Name:	
Adresse:	
Postanschrift:	
E-Mail:	
Tel. (Arbeit):	Tel. (Privat):	Mobil:

Name:	
Adresse:	
Postanschrift:	
E-Mail:	
Tel. (Arbeit):	Tel. (Privat):	Mobil:

ADRESSBUCH

T

Name:

Adresse:

Postanschrift:

E-Mail:

Tel. (Arbeit): | Tel. (Privat): | Mobil:

Name:

Adresse:

Postanschrift:

E-Mail:

Tel. (Arbeit): | Tel. (Privat): | Mobil:

Name:

Adresse:

Postanschrift:

E-Mail:

Tel. (Arbeit): | Tel. (Privat): | Mobil:

Name:

Adresse:

Postanschrift:

E-Mail:

Tel. (Arbeit): | Tel. (Privat): | Mobil:

ADRESSBUCH

T

Name:

Adresse:

Postanschrift:

E-Mail:

Tel. (Arbeit): | Tel. (Privat): | Mobil:

Name:

Adresse:

Postanschrift:

E-Mail:

Tel. (Arbeit): | Tel. (Privat): | Mobil:

Name:

Adresse:

Postanschrift:

E-Mail:

Tel. (Arbeit): | Tel. (Privat): | Mobil:

Name:

Adresse:

Postanschrift:

E-Mail:

Tel. (Arbeit): | Tel. (Privat): | Mobil:

ADRESSBUCH

Name:	
Adresse:	
Postanschrift:	
E-Mail:	
Tel. (Arbeit):	Tel. (Privat):	Mobil:

Name:	
Adresse:	
Postanschrift:	
E-Mail:	
Tel. (Arbeit):	Tel. (Privat):	Mobil:

Name:	
Adresse:	
Postanschrift:	
E-Mail:	
Tel. (Arbeit):	Tel. (Privat):	Mobil:

Name:	
Adresse:	
Postanschrift:	
E-Mail:	
Tel. (Arbeit):	Tel. (Privat):	Mobil:

ADRESSBUCH

Name:	
Adresse:	
Postanschrift:	
E-Mail:	

Tel. (Arbeit):		Tel. (Privat):		Mobil:	

Name:	
Adresse:	
Postanschrift:	
E-Mail:	

Tel. (Arbeit):		Tel. (Privat):		Mobil:	

Name:	
Adresse:	
Postanschrift:	
E-Mail:	

Tel. (Arbeit):		Tel. (Privat):		Mobil:	

Name:	
Adresse:	
Postanschrift:	
E-Mail:	

Tel. (Arbeit):		Tel. (Privat):		Mobil:	

ADRESSBUCH

Name:	
Adresse:	
Postanschrift:	
E-Mail:	
Tel. (Arbeit):	Tel. (Privat):	Mobil:

Name:	
Adresse:	
Postanschrift:	
E-Mail:	
Tel. (Arbeit):	Tel. (Privat):	Mobil:

Name:	
Adresse:	
Postanschrift:	
E-Mail:	
Tel. (Arbeit):	Tel. (Privat):	Mobil:

Name:	
Adresse:	
Postanschrift:	
E-Mail:	
Tel. (Arbeit):	Tel. (Privat):	Mobil:

Name:

Adresse:

Postanschrift:

E-Mail:

Tel. (Arbeit):		Tel. (Privat):		Mobil:	

Name:

Adresse:

Postanschrift:

E-Mail:

Tel. (Arbeit):		Tel. (Privat):		Mobil:	

Name:

Adresse:

Postanschrift:

E-Mail:

Tel. (Arbeit):		Tel. (Privat):		Mobil:	

Name:

Adresse:

Postanschrift:

E-Mail:

Tel. (Arbeit):		Tel. (Privat):		Mobil:	

ADRESSBUCH

Name:	
Adresse:	
Postanschrift:	
E-Mail:	
Tel. (Arbeit):	Tel. (Privat):	Mobil:

Name:	
Adresse:	
Postanschrift:	
E-Mail:	
Tel. (Arbeit):	Tel. (Privat):	Mobil:

Name:	
Adresse:	
Postanschrift:	
E-Mail:	
Tel. (Arbeit):	Tel. (Privat):	Mobil:

Name:	
Adresse:	
Postanschrift:	
E-Mail:	
Tel. (Arbeit):	Tel. (Privat):	Mobil:

ADRESSBUCH

Name:

Adresse:

Postanschrift:

E-Mail:

Tel. (Arbeit):		Tel. (Privat):		Mobil:	

Name:

Adresse:

Postanschrift:

E-Mail:

Tel. (Arbeit):		Tel. (Privat):		Mobil:	

Name:

Adresse:

Postanschrift:

E-Mail:

Tel. (Arbeit):		Tel. (Privat):		Mobil:	

Name:

Adresse:

Postanschrift:

E-Mail:

Tel. (Arbeit):		Tel. (Privat):		Mobil:	

ADRESSBUCH

Name:	
Adresse:	
Postanschrift:	
E-Mail:	
Tel. (Arbeit):	Tel. (Privat): Mobil:

Name:	
Adresse:	
Postanschrift:	
E-Mail:	
Tel. (Arbeit):	Tel. (Privat): Mobil:

Name:	
Adresse:	
Postanschrift:	
E-Mail:	
Tel. (Arbeit):	Tel. (Privat): Mobil:

Name:	
Adresse:	
Postanschrift:	
E-Mail:	
Tel. (Arbeit):	Tel. (Privat): Mobil:

ADRESSBUCH

Name:	
Adresse:	
Postanschrift:	
E-Mail:	
Tel. (Arbeit):	Tel. (Privat):	Mobil:

Name:	
Adresse:	
Postanschrift:	
E-Mail:	
Tel. (Arbeit):	Tel. (Privat):	Mobil:

Name:	
Adresse:	
Postanschrift:	
E-Mail:	
Tel. (Arbeit):	Tel. (Privat):	Mobil:

Name:	
Adresse:	
Postanschrift:	
E-Mail:	
Tel. (Arbeit):	Tel. (Privat):	Mobil:

ADRESSBUCH

Name:			
Adresse:			
Postanschrift:			
E-Mail:			
Tel. (Arbeit):	Tel. (Privat):	Mobil:	

Name:			
Adresse:			
Postanschrift:			
E-Mail:			
Tel. (Arbeit):	Tel. (Privat):	Mobil:	

Name:			
Adresse:			
Postanschrift:			
E-Mail:			
Tel. (Arbeit):	Tel. (Privat):	Mobil:	

Name:			
Adresse:			
Postanschrift:			
E-Mail:			
Tel. (Arbeit):	Tel. (Privat):	Mobil:	

ADRESSBUCH

Name:	
Adresse:	
Postanschrift:	
E-Mail:	
Tel. (Arbeit):	Tel. (Privat):	Mobil:

Name:	
Adresse:	
Postanschrift:	
E-Mail:	
Tel. (Arbeit):	Tel. (Privat):	Mobil:

Name:	
Adresse:	
Postanschrift:	
E-Mail:	
Tel. (Arbeit):	Tel. (Privat):	Mobil:

Name:	
Adresse:	
Postanschrift:	
E-Mail:	
Tel. (Arbeit):	Tel. (Privat):	Mobil:

ADRESSBUCH

W

Name:	
Adresse:	
Postanschrift:	
E-Mail:	
Tel. (Arbeit):	Tel. (Privat):	Mobil:

Name:	
Adresse:	
Postanschrift:	
E-Mail:	
Tel. (Arbeit):	Tel. (Privat):	Mobil:

Name:	
Adresse:	
Postanschrift:	
E-Mail:	
Tel. (Arbeit):	Tel. (Privat):	Mobil:

Name:	
Adresse:	
Postanschrift:	
E-Mail:	
Tel. (Arbeit):	Tel. (Privat):	Mobil:

ADRESSBUCH

Name:	
Adresse:	
Postanschrift:	
E-Mail:	

Tel. (Arbeit):		Tel. (Privat):		Mobil:	

Name:	
Adresse:	
Postanschrift:	
E-Mail:	

Tel. (Arbeit):		Tel. (Privat):		Mobil:	

Name:	
Adresse:	
Postanschrift:	
E-Mail:	

Tel. (Arbeit):		Tel. (Privat):		Mobil:	

Name:	
Adresse:	
Postanschrift:	
E-Mail:	

Tel. (Arbeit):		Tel. (Privat):		Mobil:	

ADRESSBUCH

Name:

Adresse:

Postanschrift:

E-Mail:

Tel. (Arbeit):		Tel. (Privat):		Mobil:	

Name:

Adresse:

Postanschrift:

E-Mail:

Tel. (Arbeit):		Tel. (Privat):		Mobil:	

Name:

Adresse:

Postanschrift:

E-Mail:

Tel. (Arbeit):		Tel. (Privat):		Mobil:	

Name:

Adresse:

Postanschrift:

E-Mail:

Tel. (Arbeit):		Tel. (Privat):		Mobil:	

ADRESSBUCH

Name:	
Adresse:	
Postanschrift:	
E-Mail:	
Tel. (Arbeit):	Tel. (Privat):	Mobil:

Name:	
Adresse:	
Postanschrift:	
E-Mail:	
Tel. (Arbeit):	Tel. (Privat):	Mobil:

Name:	
Adresse:	
Postanschrift:	
E-Mail:	
Tel. (Arbeit):	Tel. (Privat):	Mobil:

Name:	
Adresse:	
Postanschrift:	
E-Mail:	
Tel. (Arbeit):	Tel. (Privat):	Mobil:

ADRESSBUCH

Name:	
Adresse:	
Postanschrift:	
E-Mail:	
Tel. (Arbeit):	Tel. (Privat):	Mobil:

Name:	
Adresse:	
Postanschrift:	
E-Mail:	
Tel. (Arbeit):	Tel. (Privat):	Mobil:

Name:	
Adresse:	
Postanschrift:	
E-Mail:	
Tel. (Arbeit):	Tel. (Privat):	Mobil:

Name:	
Adresse:	
Postanschrift:	
E-Mail:	
Tel. (Arbeit):	Tel. (Privat):	Mobil:

ADRESSBUCH

Y

Name:	
Adresse:	
Postanschrift:	
E-Mail:	
Tel. (Arbeit):	Tel. (Privat):	Mobil:

Name:	
Adresse:	
Postanschrift:	
E-Mail:	
Tel. (Arbeit):	Tel. (Privat):	Mobil:

Name:	
Adresse:	
Postanschrift:	
E-Mail:	
Tel. (Arbeit):	Tel. (Privat):	Mobil:

Name:	
Adresse:	
Postanschrift:	
E-Mail:	
Tel. (Arbeit):	Tel. (Privat):	Mobil:

Name:	
Adresse:	
Postanschrift:	
E-Mail:	

Tel. (Arbeit):		Tel. (Privat):		Mobil:	

Name:	
Adresse:	
Postanschrift:	
E-Mail:	

Tel. (Arbeit):		Tel. (Privat):		Mobil:	

Name:	
Adresse:	
Postanschrift:	
E-Mail:	

Tel. (Arbeit):		Tel. (Privat):		Mobil:	

Name:	
Adresse:	
Postanschrift:	
E-Mail:	

Tel. (Arbeit):		Tel. (Privat):		Mobil:	

ADRESSBUCH

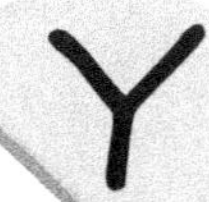

Name:	
Adresse:	
Postanschrift:	
E-Mail:	
Tel. (Arbeit):	Tel. (Privat):	Mobil:

Name:	
Adresse:	
Postanschrift:	
E-Mail:	
Tel. (Arbeit):	Tel. (Privat):	Mobil:

Name:	
Adresse:	
Postanschrift:	
E-Mail:	
Tel. (Arbeit):	Tel. (Privat):	Mobil:

Name:	
Adresse:	
Postanschrift:	
E-Mail:	
Tel. (Arbeit):	Tel. (Privat):	Mobil:

ADRESSBUCH

Z

Name:

Adresse:

Postanschrift:

E-Mail:

Tel. (Arbeit): | Tel. (Privat): | Mobil:

Name:

Adresse:

Postanschrift:

E-Mail:

Tel. (Arbeit): | Tel. (Privat): | Mobil:

Name:

Adresse:

Postanschrift:

E-Mail:

Tel. (Arbeit): | Tel. (Privat): | Mobil:

Name:

Adresse:

Postanschrift:

E-Mail:

Tel. (Arbeit): | Tel. (Privat): | Mobil:

ADRESSBUCH

Z

Name:	
Adresse:	
Postanschrift:	
E-Mail:	
Tel. (Arbeit):	Tel. (Privat): Mobil:

Name:	
Adresse:	
Postanschrift:	
E-Mail:	
Tel. (Arbeit):	Tel. (Privat): Mobil:

Name:	
Adresse:	
Postanschrift:	
E-Mail:	
Tel. (Arbeit):	Tel. (Privat): Mobil:

Name:	
Adresse:	
Postanschrift:	
E-Mail:	
Tel. (Arbeit):	Tel. (Privat): Mobil:

ADRESSBUCH

Z

Feld	Eintrag
Name:	
Adresse:	
Postanschrift:	
E-Mail:	
Tel. (Arbeit):	Tel. (Privat): · Mobil:

Feld	Eintrag
Name:	
Adresse:	
Postanschrift:	
E-Mail:	
Tel. (Arbeit):	Tel. (Privat): · Mobil:

Feld	Eintrag
Name:	
Adresse:	
Postanschrift:	
E-Mail:	
Tel. (Arbeit):	Tel. (Privat): · Mobil:

Feld	Eintrag
Name:	
Adresse:	
Postanschrift:	
E-Mail:	
Tel. (Arbeit):	Tel. (Privat): · Mobil:

ADRESSBUCH

Z

Name:

Adresse:

Postanschrift:

E-Mail:

Tel. (Arbeit): | Tel. (Privat): | Mobil:

Name:

Adresse:

Postanschrift:

E-Mail:

Tel. (Arbeit): | Tel. (Privat): | Mobil:

Name:

Adresse:

Postanschrift:

E-Mail:

Tel. (Arbeit): | Tel. (Privat): | Mobil:

Name:

Adresse:

Postanschrift:

E-Mail:

Tel. (Arbeit): | Tel. (Privat): | Mobil:

ADRESSBUCH

O–9

Name:	
Adresse:	
Postanschrift:	
E-Mail:	
Tel. (Arbeit):	Tel. (Privat): ____ Mobil: ____

Name:	
Adresse:	
Postanschrift:	
E-Mail:	
Tel. (Arbeit):	Tel. (Privat): ____ Mobil: ____

Name:	
Adresse:	
Postanschrift:	
E-Mail:	
Tel. (Arbeit):	Tel. (Privat): ____ Mobil: ____

Name:	
Adresse:	
Postanschrift:	
E-Mail:	
Tel. (Arbeit):	Tel. (Privat): ____ Mobil: ____

ADRESSBUCH

O–9

Name:	
Adresse:	
Postanschrift:	
E-Mail:	
Tel. (Arbeit):	Tel. (Privat):	Mobil:

Name:	
Adresse:	
Postanschrift:	
E-Mail:	
Tel. (Arbeit):	Tel. (Privat):	Mobil:

Name:	
Adresse:	
Postanschrift:	
E-Mail:	
Tel. (Arbeit):	Tel. (Privat):	Mobil:

Name:	
Adresse:	
Postanschrift:	
E-Mail:	
Tel. (Arbeit):	Tel. (Privat):	Mobil:

ADRESSBUCH

Name:	
Adresse:	
Postanschrift:	
E-Mail:	

Tel. (Arbeit):		Tel. (Privat):		Mobil:	

Name:	
Adresse:	
Postanschrift:	
E-Mail:	

Tel. (Arbeit):		Tel. (Privat):		Mobil:	

Name:	
Adresse:	
Postanschrift:	
E-Mail:	

Tel. (Arbeit):		Tel. (Privat):		Mobil:	

Name:	
Adresse:	
Postanschrift:	
E-Mail:	

Tel. (Arbeit):		Tel. (Privat):		Mobil:	

ADRESSBUCH

O–9

Name:	
Adresse:	
Postanschrift:	
E-Mail:	
Tel. (Arbeit):	Tel. (Privat): Mobil:

Name:	
Adresse:	
Postanschrift:	
E-Mail:	
Tel. (Arbeit):	Tel. (Privat): Mobil:

Name:	
Adresse:	
Postanschrift:	
E-Mail:	
Tel. (Arbeit):	Tel. (Privat): Mobil:

Name:	
Adresse:	
Postanschrift:	
E-Mail:	
Tel. (Arbeit):	Tel. (Privat): Mobil:

VORWAHL

VORWAHL	LAND	VORWAHL	LAND
0049	Deutschland		
0041	Schweiz		
0061	Australien		
0039	Italien		
001	Kanada		
0033	Framkreich		
0034	Spanien		
0090	Türkei		
0086	China		
0031	Holland		

VORWAHL

VORWAHL	LAND	VORWAHL	LAND

GEBURTSTAGE

Januar

Name	Datum

Name	Datum

Name	Datum

Februar

Name	Datum

Name	Datum

Name	Datum

März

Name	Datum

Name	Datum

Name	Datum

April

Name	Datum

Name	Datum

Name	Datum

GEBURTSTAGE

Mai

Name	Datum

Name	Datum

Name	Datum

Juni

Name	Datum

Name	Datum

Name	Datum

Juli

Name	Datum

Name	Datum

Name	Datum

August

Name	Datum

Name	Datum

Name	Datum

GEBURTSTAGE

September

Name	Datum

Name	Datum

Name	Datum

Oktober

Name	Datum

Name	Datum

Name	Datum

November

Name	Datum

Name	Datum

Name	Datum

Dezember

Name	Datum

Name	Datum

Name	Datum

NOTIZEN

NOTIZEN

NOTIZEN

NOTIZEN

NOTIZEN

HINWEIS

Der Der vorliegende Titel wurde mit großer Sorgfalt erstellt. Dennoch können Fehler nicht vollkommen ausgeschlossen werden. Der Autor und das Team von **Kalendarium24.de** übernehmen daher keine juristische Verantwortung und keinerlei Haftung für Schäden, die aus der Benutzung dieses Buches oder Teilen davon entstehen. Insbesondere sind der Autor und das Team von **Kalendarium24.de** nicht verpflichtet, Folge- oder mittelbare Schäden zu ersetzen.

Gewerbliche Kennzeichen- und Schutzrechte bleiben von diesem Titel unberührt.

Das Werk einschließlich aller Teile ist urheberrechtlich geschützt. Alle Rechte, auch die der Übersetzung, des Nachdrucks und der Vervielfältigung dieses Titels oder von Teilen daraus, verbleiben bei der W. LINDO Marketingberatung (Redaktionsbüro Lindo). Ohne die schriftliche Einwilligung der W. LINDO Marketingberatung (Redaktionsbüro Lindo) darf kein Teil dieses Dokumentes in irgendeiner Form oder auf irgendeine elektronische oder mechanische Weise für irgendeinen Zweck vervielfältigt werden.

Das vorliegende Buch ist ausschließlich für die eigene, private Verwendung bestimmt.

Cover-Foto: © pixel_dreams / Adobe / Redaktionsbüro Lindo

Facebook, Twitter und andere Markennamen, Warenzeichen, die in diesem Buch verwendet werden, sind Eigentum Ihrer rechtmäßigen Eigentümer. Alle Warennamen werden ohne Gewährleistung der freien Verwendbarkeit benutzt und sind möglicherweise eingetragene Warenzeichen. Der Verlag richtet sich im Wesentlichen nach den Schreibweisen der Hersteller.

Vielen Dank

Edward Buth

NEU: Unsere neue Seite zum Thema: **www. Kalendarium24.de**
Twitter: http://www.twitter.com/ebookguide

© 2020 by Wilfred Lindo Marketingberatung / Redaktionsbüro Lindo

HINWEIS

Herausgegeben von:
ebookblog.de / ebookguide.de
Redaktionsbüro Lindo
Dipl. Kom. Wilfred Lindo
12349 Berlin
© 2020 by Wilfred Lindo Marketingberatung / Redaktionsbüro Lindo
Produktion und -Distribution
Redaktionsbüro Lindo
Scan mich! Weitere Ratgeber, die ebenfalls für Sie interessant sind! Unter **puzzlemaker.de**